Wolfgang Zwickel

Faszination Bibelgarten

kiefel

Inhaltsverzeichnis

Aqua magica - Magisches Wasserland

Unter diesem Motto steht die Landesgartenschau 2000 in Bad Oeynhausen und Löhne. Die Beiträge in diesem Buch wurden ursprünglich zur Vorbereitung der Besucherinnen und Besucher dieser Landesgartenschau geschrieben und erschienen allmonatlich in den Kirchenzeitungen »Der Dom« (Paderborn) und »Unsere Kirche« (Bielefeld). Dem Gütersloher Verlagshaus ist zu danken, daß diese Beiträge nun in gesammelter Form vorliegen. Als in den beiden beteiligten Städten die ersten Planungen für die Landesgartenschau entwickelt wurden, entschloß sich der Kirchenkreis Vlotho der Evangelischen Kirche, mit einem eigenen Biblischen Garten vertreten zu sein. Besucherinnen und Besuchern sollen so zumindest Ausschnitte der biblischen Pflanzenwelt nähergebracht werden: biblische Pflanzen zum Sehen, zum Anfassen und zum Riechen. Im Zusammenhang mit der Expo 2000 unter dem Thema »Mensch - Natur - Technik« schien es wichtig, die von Gott gegebene Natur in einer zunehmend technokratisierten Welt in den Mittelpunkt zu stellen. Im Verlauf der weiteren Planungen wurde der kirchliche Beitrag zur Landesgartenschau immer stärker ökumenisch.

Das Wasser als Lebenselixier ist der thematische Mittelpunkt dieser Landesgartenschau. Für eine Kurstadt bietet sich dieses Thema sicherlich schon aus wirtschaftlichen Gründen an: heilendes Wasser, das Kurgästen neue Kräfte vermitteln soll. Das Thema »Magisches Wasserland« ist aber auch theologisch gesehen von großer Bedeutung. Das Neue Testament spricht davon, daß Jesus »lebendiges Wasser« gibt (Joh 4,10) - Wasser, soviel daß man in Ewigkeit nicht mehr durstig sein wird. Im Alten Testament ist ein ganzes Kapitel derartig »magischem Wasser« gewidmet. Der Prophet Hesekiel beschreibt eine Quelle, die unter der Schwelle des Jerusalemer Tempels entspringt und von dort aus nach Osten ins Kidrontal fließt. Nach 1000 Ellen (ca. 500 m) ist das Wasser knöcheltief, nach weiteren 1000 Ellen reicht es bis zu den Knien, nach weiteren 1000 Ellen bis zu den Lenden und schließlich war es so tief, daß man nicht mehr hindurchschreiten konnte. Das anfangs bescheidene Rinnsal wird so zu einem immer größer werdenden Strom, der schließlich ins Tote Meer fließt und aus dem leblosen, versalzenen Wasser einen Fischteich macht, der den Fischern den Lebensunterhalt sichert.

Was Hesekiel hier in einem Bild beschreibt, war für seine Zeit von hoher Brisanz. Wenige Jahre vor dieser Verkündigung war Jerusalem von den Babyloniern dem Erdboden gleichgemacht worden, das Land Juda wurde einer babylonischen Provinz zugeordnet, das traditionsreiche Volk hatte seine politische Existenz verloren. Die Landverheißungen an die Erzeltern, die sich im 1. Buch Mose finden, waren hinfällig geworden, elementare Glaubenszusagen waren zerbrochen. Das Bild des magischen Wassers, das im Tempel entspringt und die ganze Landschaft verändert, so daß in der einstmaligen Wüste Juda »allerlei fruchtbare Bäume wachsen, deren Blätter nicht verwelken und mit deren Früchte es kein Ende hat« (Hes 47,12), soll neues Heil für die Menschen damals verdeutlichen. So wie Wüste zu Kulturland und das Tote Meer zu einem lebendigen Wasser wird, so wird Israel wieder auferstehen. Diese Veränderung wird kommen, weil sie von Gott selbst ausgeht. In der bildlichen Darstellung von Hesekiel hat die Tempelquelle oben auf dem Zionsberg ihren Anfang. Gott selbst gibt das lebendige Wasser, das alles verändert.

Dieser biblische Text ist ein Hoffnungstext, ein starkes Bildwort, das auch in größten Krisenzeiten Hoffnung schaffen kann. In unserer heutigen Welt haben wir manche solche Hoffnungsworte nötig. Die Landesgartenschau will auch derartige Hoffnungszeichen setzen. Die Allee des Weltklimas weist auf ein aktuelles Problem hin und will zum Umdenken anregen. Der Wasserkrater will die gewaltige Kraft der Heilquellen, die Kurgästen helfen können, in ganz ähnlicher Weise verdeutlichen, wie das der Prophet Hesekiel vor über 2500 Jahren machte. Die vielfältigen Pflanzen auf dem Gelände der Landesgartenschau können die Schönheit verdeutlichen, mit der Gott diese Welt geschaffen und uns zur Verfügung gestellt hat. Die Arche im Biblischen Garten erinnert daran, daß Gott nach der Sintflut zugesagt hat: »Nicht mehr soll die ganze Menschheit vernichtet werden durch das Wasser der Sintflut, und in Zukunft soll es keine Sintflut mehr geben, die die Erde vernichtet« (1 Mo 9,11). Aber auch dieses kleine Büchlein und die vielfältigen und vielgestaltigen Pflanzen, die man jeden Tag auch außerhalb einer Landesgartenschau sehen kann, können dazu anregen, sich mit allen Sinnen mit der biblischen Welt zu beschäftigen, zum Nachdenken über die noch immer aktuelle Botschaft Gottes beitragen und zur Freude über die Buntheit und mannigfache Gestaltung der Schöpfung Gottes zu freuen.

Sitzen unter dem Feigenbaum – Idealer Schattenspender und ein Symbol des Wohlergehens

Die erste Pflanze, die in der Bibel mit Namen genannt wird, ist der Feigenbaum. Nach dem Sündenfall flochten sich Adam und Eva, die vorher nackt waren und sich nicht voreinander schämten, Feigenblätter zu einem Schurz. Die großen gelappten Blätter des 3-5 m hohen Feigenbaumes (Ficus carica L.) eignen sich für diesen Zweck hervorragend. Der Feigenbaum war im Altertum jedoch nicht für provisorische Bekleidungszwecke bedeutsam, sondern als Nahrungsmittel. Die Feige gehört zu den typischen Bäumen des palästinischen Kulturlandes und ist überall, wo für ausreichende Bewässerung gesorgt ist, in wilder oder kultivierter Form anzutreffen. Als Zeichen des Ertragreichtums des Landes brachten die von Mose ausgeschickten Kundschafter neben einer Weinrebe und Granatäpfeln auch Feigen mit. Wegen ihrer Süße war insbesondere die Frühfeige hoch geschätzt, daneben war sie auch ein wichtiges Nahrungsmittel und Handelsprodukt. Sie wurden roh gegessen, aber auch in Feigenkuchen verarbeitet oder aber in getrocknetem Zustand aufbewahrt, um so als Nahrung für Notzeiten zu dienen. Sogar Wundpflaster wurden aus Feigen hergestellt. Wurden Feigenbäume von Feinden im Kriegsfalle abgeholzt, bedeutete dieses einen herben Schlag für die Versorgung der Bevölkerung. Gab es Zeiten besonderer Trockenheit, so daß auch die Feigenbäume nicht mehr ausreichend Wasser bekamen und vertrockneten, wurde dieses als Strafe Gottes verstanden.

In diesem Zusammenhang muß das Fluchwort Jesu über den Feigenbaum, der keine Früchte trägt, verstanden werden. Bei Matthäus ist davon die Rede, daß man an den Früchten den Wert eines Baumes, also im übertragenen Sinne den Wert eines Menschen erkennen soll. Da nur ein guter Feigenbaum gute Früchte bringen kann, eine Distel aber dieses nicht vermag, kann nur ein wahrhaft christlich gesinnter Mensch auch gute Werke vollbringen. Der Feigenbaum, der keine Früchte (bzw. Werke) bringt, ist zu nichts nutze. Er verbraucht nur Wasser, bringt aber keinen Ertrag. Daher ist er überflüssig. Mit der Verfluchung des Baumes durch die Worte Jesu verdorrte der ohnehin ertraglose Baum. Lukas erzählt dieselbe Geschichte übrigens leicht verändert. Dort erhält der Baum noch ein weiteres Jahr Aufschub und wird entsprechend ge-

pflegt. Erst wenn er im kommenden Jahr wiederum keine Früchte bringt, soll er abgeholzt werden. Hier zeigt sich deutlich, daß die von Markus und Matthäus überlieferten Jesuworte Lukas als zu hart empfunden hat.

Die Feigenbäume stehen meist weit auseinander, weil sie tief im Boden verwurzelt sind und ihre Wurzeln weit ausbreiten. Oft genügt schon ein einzelner Feigenbaum im Garten für die Versorgung einer ganzen Familie. Allerdings trägt der anfangs sehr schnell wachsende Baum erst nach sieben Jahren Früchte. Pflegt man ihn jedoch in den kommenden Jahren, indem man ihn düngt und die Seitentriebe im Sommer kürzt, hat man etwa 50 Jahre lang einen ertragreichen Baum. Im Herbst verliert der Baum seine Blätter und treibt im Frühjahr wieder aus. Da der blattreiche Baum häufig einzeln steht, bietet er Wanderern in der freien Natur, aber auch Hausbewohnern im Garten in den Sommermonaten einen willkommenen Schutz vor der brennenden Glut der Mittagshitze. »Unter dem Feigenbaum sitzen« wurde so in der Bibel zu einem Bildwort für ein Leben ohne Sorgen, Hektik und Streß. Wer sich dort niedersetzen kann, der genießt Wohlergehen, Frieden und Ruhe.

Der Mandelzweig - Ein Vorbote auf das Kommende

»Freunde, daß der Mandelzweig wieder blüht und treibt, ist das nicht ein Fingerzeig, daß die Liebe bleibt?« Diese Liedstrophe von Shalom Ben-Chorin, 1942 mitten im 2. Weltkrieg geschrieben, sollte an die unbesiegbare Liebe Gottes erinnern. In dem Lied heißt es dann weiter: »Tausende zerstampft der Krieg, eine Welt vergeht. Doch des Lebens Blütensieg leicht im Winde weht.« Die reale Erfahrung konnte für Ben-Chorin gar nicht so abgrundtief sein, als daß sie die Hoffnung für das Leben zerstören könnte. Ben-Chorin hat für dieses Gedicht den biblischen Text der Berufungsgeschichte Jeremias neu interpretiert. Gott zeigt hierin dem Propheten einen Mandelzweig (Luther übersetzt nur mit »Zweig«), der Jeremia als Zeichen für die sichere Ausführung des Wortes Gottes dienen soll. Die Wahl gerade des Mandelzweiges ist nicht zufällig. Der Mandelbaum ist der erste Baum, der vor Ende des Winters mit weißen Blüten zu blühen beginnt und damit das Nahen des Frühlings ankündigt. So wie der Mandelzweig alljährlich ein Vorbote der kommenden Wetterbesserung ist, so ist er hier in dem Bildwort ein Bote für die unweigerliche Erfüllung von Gottes Wort. Auf den Mandelzweig als frühen Boten spielt auch die Erzählung vom Aaronstab an. Das Volk der Leviten, vertreten durch Moses' Bruder Aaron, wird nach dieser Geschichte durch Gott aus allen Stämmen auserwählt. Für jeden Stamm wurde ein Holzstab vor die Bundeslade gelegt und mit dem Namen des Stammesführers beschrieben. Am nächsten Morgen war der Stab Aarons in voller Blütenpracht und trug reifende Mandeln.

Der glockenförmige Kelch der Mandelblüte wurde auch in der Kunst gerne aufgenommen. So findet er sich beispielsweise bei der Verzierung des Leuchters im Tempel der nachbabylonischen Zeit.

Mandeln gehörten zu den Baumfrüchten, die man im Altertum gerne aß und sogar über weite Strecken bis hin nach Ägypten handelte. Im Altertum scheint der Mandelbaum (Amygdalus communis L.) in Israel verbreiteter gewesen zu sein als heute. Da Ziegen die jungen Triebe gerne abfressen, findet man ihn heute meist nur noch als knorrigen Strauch, während er sonst zu einem 4 m hohen Baum heranwachsen kann.

Der Lotos – Die Blume des Lebens

So wie für uns Mitteleuropäer die Rose die Königin der Blumen ist, so war es für die Menschen im Vorderen Orient der Lotos. Die Wasserpflanze mit ihren großen Blättern und blauen Blüten (Nymphaea caerulea Sav.) war in allen Sumpf- und Teichgebieten verbreitet. Sie wuchs gleichermaßen in Ägypten wie auch in Israel. Neben dem blauen Lotos gab es auch noch eine weiße (Nymphaea alba L.) und eine allerdings erst relativ spät aus Indien importierte rote Art (Nelumbo nucifera Gaertn.).

Daß der Lotos im gesamten Vorderen Orient eine derart hochgeschätzte Pflanze war, liegt an seinem Blühverhalten und an seinem Duft. Er öffnet am Vormittag seine Blätter, schließt sie am Abend wieder und sinkt unter Wasser. Wohl von Ägypten ausgehend war der Lotos daher das Symbol der täglichen Erneuerung, ja sogar der Auferstehung nach dem Tod. Wo es eine Neuschöpfung gibt, sind nach dem Verständnis der Bewohner des Vorderen Orients auch die Götter anwesend. Daher war es in begüterten Kreisen verbreitet, einen solchen Lotos tagsüber in der Hand zu tragen, um immer wieder den hyazinthenähnlichen Duft einzuatmen und durch das Inhalieren Anteil an der göttlichen Nähe zu erhalten.

Ebenso wie in Ägypten war der Lotos auch in Israel bekannt und beliebt. Allerdings geben die meisten Bibelübersetzungen, so auch die Luther- und die Einheitsübersetzung, das hebräische schoschan mit »Lilie« wieder. Es ist jedoch mit schoschan eindeutig der Lotos gemeint. Übrigens geht unser heutiger Frauenname Susanne auf den hebräischen Begriff zurück.

Im Alten Testament wird der Lotos zweimal als wildwachsende Blume erwähnt. Ihre ausgesprochene Schönheit und ihr anmutiger Duft führten dazu, daß man die Geliebte mit einem Lotos verglich. Im Hohen Lied werden die Lippen des Geliebten mit dem Lotos gleichgesetzt; hier wird auf die belebende Wirkung der Küsse angespielt.

Es gab auch Lieder, die sich auf den Lotos bezogen. Einige Psalmenüberschriften erwähnen nach dem Lotos benannte Weisen, deren genauen Inhalt wir allerdings nicht kennen.

Besonders interessant ist, wie der Lotos bei der künstlerischen Ausgestaltung des Salomonischen Tempels aufgegriffen wurde. Sowohl bei der Ausgestaltung der beiden Säulen Jachin und Boas vor dem Tempel als auch bei dem ehernen Meer wurde von den Künstlern die Symbolik des Lotos bewußt eingesetzt. Die ca. 9 m hohen Säulen waren von einem Lotoskapitell bekrönt, das den Lotos in geschlossener Form abbildete, d.h. in seinem nächtlichen Zustand. Das eherne Meer dagegen, ein riesiges vor dem Tempel aufgestelltes Becken, war dem Lotos in geöffneter Form nachgestaltet. Mit diesen beiden Elementen sollte den Besuchern des Jerusalemer Tempels vor Augen geführt werden, daß der Gott Israels auch derjenige ist, der für die sich immer wieder erneuernde Schöpfung verantwortlich ist.

Das Gemüse des Kulturlandes – Abwechslungsreiche Nahrung für die Menschen

Wer in der Wüste lebt, hat ein schweres, aber ein freies Leben. Kein Nomade würde freiwillig das Leben in der Wüste gegen das Leben in einer Stadt eintauschen. Wer aber unfreiwillig in der Wüste lebt, der erinnert sich gerne an die Vorzüge des Lebens im städtischen Umfeld. Ähnlich erging es dem Volk Israel, als es nach dem fluchtartigen Auszug aus Ägypten mitten in der Wüste gegen Mose murrte und sprach: »Wir denken an die Fische, die wir in Ägypten umsonst aßen, und an die Melonen, die Wassermelonen, den Lauch, die Zwiebeln und den Knoblauch« (4 Mo 11,5). All dieses Gemüse wurde sowohl in Ägypten als auch in Palästina angebaut, wo es genügend Wasser für die Ackerböden gab. In der Wüste stand Wasser dagegen nicht zur Verfügung - und entsprechend wurden gerade diese Pflanzen zum Ausdruck des Mangels. Zucker- und Wassermelonen sind vor allem als erfrischende Speise an heißen Tagen beliebt, Zwiebeln und Lauch wurden als Zutaten zu Kochspeisen (z.B. Linsengericht) verwendet, aber auch roh gegessen. Weil die oberen Blätter des Lauchs wertlos sind, entstand in arabischer Zeit das Sprichwort »Hinterlaß den Erben nichts als die Blätter vom Lauch!«.

Der Speisezettel im Kulturland war zwar im Altertum wesentlich begrenzter als bei uns heute, wies aber doch einige Annehmlichkeiten gegenüber dem beschränkten Angebot in den Wüstengegenden auf. Erbsen, Kichererbsen, Linsen und Puffbohnen bildeten den hauptsächlichen Anteil an Gemüse. Puffbohnen, die unseren dicken Bohnen ähneln, waren die wichtigste Bohnenart der Antike. Die bei uns heute üblichen Stangenbohnen stammen allesamt aus Amerika und waren im Altertum unbekannt. Die Puffbohnen wurden frisch oder getrocknet gegessen, aber auch als Brei zubereitet. Daneben wurden sie auch mit Weizen, Gerste, Hirse, Linsen und Spelt verrieben und zu einem Getreidefladen gebacken.

Die meisten Bauern besaßen im Altertum einen kleinen Acker, auf dem sie all die hier aufgeführten Gemüsepflanzen für den Eigenbedarf anbauten. Da kaum Fleisch gegessen wurde, waren Gemüsespeisen im Altertum wegen ihres hohen Eiweißgehaltes von großer Bedeutung. Handel mit Gemüse gab es hingegen kaum, da die einzelnen Sorten allesamt im ganzen Land angebaut werden konnten und diese auch keine großen Ansprüche an die jeweiligen Böden stellten.

Das Linsengericht - Und der Verlust des Erstgeburtsrechts

Wer im Zusammenhang mit biblischen Texten das Wort Linse hört, denkt automatisch an das Linsengericht, das Jakob dem Esau überreichte und für das er das Erstgeburtsrecht erhielt. Nur wenige aber wissen, daß hier nicht die bei uns gebräuchliche braune Linse gemeint ist, sondern die kleinere rote Linse, wie man sie beispielsweise in türkischen Läden auch bei uns kaufen kann. Die Linse zählt zu den ältesten gezüchteten Pflanzen; sie ist sogar so alt wie der Ackerbau insgesamt. Bei Ausgrabungen fand man bereits im neolithischen Jericho (7.–5. Jt. v. Chr.) Linsen. In fruchtbaren Talebenen hat man wahrscheinlich immer wieder kleine Felder und Äcker mit dieser Hülsenfrucht bepflanzt, die als besonders sättigend galt. Sie wächst während der Wintermonate in einer Höhe bis zu 1200 m, braucht ausreichende Niederschläge und milde Winter.

Linsen konnten geröstet, gebacken oder gekocht gegessen werden. Das berühmte Linsengericht Esaus war gekocht. Vermutlich waren den Linsen noch andere Zutaten wie Kürbis, Gurke, Wassermelone, Lauch, Zwiebel oder Knoblauch beigefügt, die allesamt im Altertum angebaut wurden.
Der Verlust des Erstgeburtsrechts, das Esau gegen das Linsengericht eintauschte, stellte für diesen übrigens keinen so großen Verzicht dar, wie wir es in unserer mitteleuropäischen Tradition meist mit dieser Stelle verbinden. Esau war Jäger und nicht Ackerbauer. Als Jäger nützte ihm der Grund- und Viehbesitz seines Vaters, den er nach dessen Tod ererbt hätte, jedoch nichts. Er brauchte freien Raum und gute Jagdgründe mit reichlich Tierbestand, aber keine Ackerflächen und Weidegründe. Die Veräußerung des Erstgeburtsrechts für so wenig wie ein Linsengericht war für ihn daher kein Verlust, sondern eher ein - wenn auch geringer - Ersatz für ein Erbe, das ihm ohnehin wertlos erschien.

Myrte und Lorbeerähnlicher Schneeball - Ankündigungen neuen Heils

Gegen Ende des babylonischen Exils (587-538 v.Chr.) trat unter den nach Mesopotamien exilierten Judäern ein für uns namenloser Prophet auf, den man heute Deuterojesaja nennt, da die von ihm verkündigte Botschaft im Alten Testament an die Prophetenworte des Jesaja angehängt wurden. In seiner Botschaft verkündigte er dem exilierten Volk Israel neues Heil: Ein neuer König, nämlich der Perserkönig Kyros, werde die Macht im Vorderen Orient erhalten und werde für die exilierten Israeliten die Rückkehr in die alte Heimat ermöglichen. In einer bildreichen und plastischen Sprache verdeutlichte er seinen Zeitgenossen das neu anbrechende Heil, mit dem die leidvolle Vergangenheit überwunden sei. Alles soll nun neu werden, nichts soll gleich bleiben. Neues Heil bricht kraftvoll an. Dieses neue Heilsgeschehen verändert in der Bildersprache des Propheten die Natur völlig: »Ich will in der Wüste wachsen lassen Zedern, Akazien, Myrten und Ölbäume; ich will in der Steppe pflanzen miteinander Zypressen, Lorbeerähnlichen Schneeball und Buchsbaum!« (Jes 41,19). Das neu anbrechende Heil läßt aus der Wüste fruchtbares Kulturland entstehen. Diese bildreiche Ankündigung verkündete den damaligen Israeliten: So wie ihr euer Leben im Exil als Wüste und Steppe erlebt, soll es nicht mehr sein; euer Leben wird sich verändern, es wird wieder aufblühen.

Unter den Pflanzen, die die Natur völlig verändern werden, finden sich Myrte (Myrtus communis L.) und Lorbeerähnlicher Schneeball (Viburnum tinus L.). Die Myrte ist ein immergrüner, bis zu 2 m hoher Busch, der dunkelgrüne lanzettliche Blätter trägt. Im Sommer erblühen eine Vielzahl von Blüten mit je fünf weißen Kelchblättern und charakteristisch vielen, langen Staubgefäßen. Sowohl die Blätter als auch die Blüten duften stark. Die ätherischen Öle werden heute noch für Atemwegserkrankungen verwendet. Die Myrte braucht feuchte Böden. Gerade deshalb - und nicht nur wegen ihrer Ästhetik - wurde sie wohl bei Jesaja (»Myrten wachsen statt Nesseln«) verwendet; sie ist der ideale Gegenbegriff zur trockenen Wüstenlandschaft. In der Zeit nach dem babylonischen Exil wurden für den Bau der Laubhütten neben Zweigen von Ölbäumen, Kiefern und Palmen auch Myrtenzweige verwendet. Die immergrünen Zweige gaben den Hütten so ausreichend Schutz vor der Sonne.

Der Lorbeerähnliche Schneeball ist ebenfalls ein immergrüner Strauch. Er kann bis zu 3 m hoch werden. Im Frühjahr trägt die Pflanze große Dolden mit weißen Blüten. Nach Jesaja wird der Schneeball (Luther übersetzt hier Buchsbaum) das in der nachexilischen Zeit zu errichtende neue Heiligtum in Jerusalem schmücken. Angesichts des immergrünen Zustands der Pflanze kann man sich gut vorstellen, daß sie dem neuen Kultbau so eine ständige Anmut vermitteln sollte.

Weizen und Gerste - Die wichtigste Nahrung im Altertum

»Unser täglich Brot gib uns heute«, so lautet eine der Bitten des Vaterunsers. Brot spielte im Altertum eine zentrale Rolle bei der Ernährung der Menschen. Schaf- oder Ziegenfleisch wurde nur höchst selten gegessen, meist nur an den hohen Feiertagen und bei wichtigem Besuch. Statt dessen war Brot das Grundnahrungsmittel der Menschen. Man kann davon ausgehen, daß ein Erwachsener täglich ca. 600 g Brot aß.

In der Regel aßen Menschen Brote aus Weizen (Triticum durum Desf.), während die wesentlich billigere Gerste (Hordeum vulgare L.) vornehmlich als Tiernahrung verwendet wurde. In Krisenzeiten aßen aber auch Menschen die noch verbliebenen Vorräte an Gerste. Die ausdrückliche Erwähnung von Gerstenbroten in der johannäischen Wundergeschichte von der Brotvermehrung dürfte dagegen ein Hinweis auf ärmliche Verhältnisse im Umfeld Jesu sein. Krisenzeiten kamen im Altertum recht leicht auf. Vorräte für eine Hungersnot konnten die Bauern meist nicht anlegen. In guten Jahren reichte die Ernte gerade einmal für die Versorgung der Familie und für das Saatgut des nächsten Jahres. Als Saatgut mußte in der Regel etwa 1/5 oder 1/6 der Jahresernte aufbewahrt werden. Hinzu kamen zur Zeit Jesu mehrere Steuern, die von dem Ertrag bezahlt werden mußten. Die Priesterhebe betrug 2%, der erste Zehnt wurde von den verbliebenen 98% abgezogen und umfaßte 9,8%, der zweite Zehnt umfaßte dann nochmals 8,82%, und schließlich mußte auch noch die Tempelsteuer (1%) bezahlt werden. Außerdem mußten 12,5% Steuern an die Römer gezahlt werden, so daß eine Steuerbelastung von über 34% bestand. Zusammen mit dem Saatgut für das nächste Jahr (16-20%) blieb dem einzelnen Bauern knapp die Hälfte der Ernte für den eigenen Bedarf. Schon kleine Unregelmäßigkeiten beim Regenfall brachten somit eine Vielzahl von Familien an den Rand des finanziellen Abgrunds. Wer dagegen genügend Rücklagen hatte, konnte diese zu überteuerten Preisen verkaufen. Verfügte man über keine Vorräte mehr, mußte man sich als Bezahlung in Schuldsklaverei begeben, also sich selbst als Arbeitskraft zur Verfügung stellen.

Nach einem althebräischen Ackerbaukalender aus dem 10. Jh. v.Chr. (Zeit Salomos), den man in Gezer fand, wurde die Gerste als Frühsaat von Mitte November bis Mitte Januar, der Weizen als Spätsaat von Mitte Januar bis Mitte März ausgesät. Unmittel-

bar nach der Saat wurde gepflügt. Dadurch kamen die Samenkörner unter die Erde und konnten so geschützt aufwachsen. Die Felder wurden in Palästina mangels geeigneter Wasserquellen nicht bewässert. Die Bauern waren in dieser Hinsicht allein auf den Regen angewiesen. Blieb der Regen im November aus, drohte eine Hungerszeit für die Bevölkerung. Im April begann dann die Gerstenernte, im Mai die Weizenernte. Unmittelbar vor der Gerstenernte wurde ab dem 8. Jh. v. Chr. eine Woche lang das sogenannte Mazzenfest gefeiert, das später mit dem Passafest verbunden wurde und zeitlich unserem Osterfest entspricht.
Bei der Ernte wurden dann die Getreidehalme mit einer Sichel relativ hoch abgeschnitten, so daß ein hochstehendes Stoppelfeld übrig blieb. Kürzere Halme, deren Körner nicht abgeschnitten wurden, konnten dann von grundbesitzlosen Menschen nach der eigentlichen Ernte noch abgeerntet werden. Dieses war in der damaligen Zeit eine Art Sozialversicherung für alle jene, die nicht über eigene Felder verfügten und so doch noch genügend für die Eigenversorgung ernten konnten. Auf diesen Stoppelfeldern wurden dann im Sommer die Schafe und Ziegen geweidet. So fand das Kleinvieh im Sommer ausreichend Nahrung; gleichzeitig wurden dadurch auch die abgeernteten Felder von den Fäkalien der Tiere gedüngt.
Nach der Weizenernte brachte man das Getreide auf eine Tenne in Ortsnähe. Dort fuhren dann die Kinder auf einer Art überdimensioniertem Monoski (Dreschschlitten), in dessen Unterseite kleine, scharfe Flintsteine eingelassen waren, und der von einem Ochsen oder einem Esel gezogen wurde, tagelang im Kreis herum. Dadurch wurden die Getreidekörner herausgeschlagen und die Strohhalme zerschnitten. Anschließend worfelte man mit einer großen Worfelschaufel. Der Wind trug die leichtere Spreu weg, während die schwereren Getreidekörner wieder zu Boden fielen. Zuletzt wurde das geerntete Getreide vom noch verbliebenen Dreck gereinigt, in Hohlgefäßen abgemessen, unter den bei der Ernte, dem Dreschen und dem Worfeln beteiligten Familienmitgliedern aufgeteilt und in die Häuser mitgenommen. Die Weizenernte beendete schließlich ein weiteres landwirtschaftliches Fest, das mit unserem Pfingstfest zusammenfällt.

Der Taumellolch - Das Unkraut unter dem Weizen

Wenn sich im Frühjahr die Pflanzen allmählich wieder an die Erdoberfläche wagen, wächst mit ihnen auch das Unkraut heran. Schönheit der Natur ist nicht ohne Unkraut zu haben, und manchmal hat auch gerade das Unkraut seine ästhetischen Reize. Ein Gleichnis Jesu thematisiert das Unkraut in ganz besonderer Weise (Mt 13,24–30). Ein Bauer säte guten, also artenreinen Getreidesamen auf sein Feld aus. Nachts aber kam sein Feind und säte Taumellolchsamen (Lolium temulentum L.) dazwischen. Als dann die Saat aufging, waren Getreide und Taumellolch kaum voneinander zu trennen. Der Lolch ist ein einjähriges Gras, das bis zu 70 cm hoch werden kann, meist jedoch nur 30-60 cm erreicht. Es entwickelt Halme, die ebenso wie das Getreide in 6-12 cm langen spitzen Ähren enden. Daher läßt sich während der Wachstumszeit Getreide auch kaum vom Lolch trennen. Der Bauer ordnete aus diesem Grunde in dem Gleichnis folgerichtig an, daß das Unkraut zunächst nicht ausgerissen werden solle. Zu groß wäre die Gefahr, statt des Unkrauts den Weizen gleichfalls auszureißen. Erst wenn die Erntezeit im Frühjahr erreicht sei, solle zuerst der Lolch ausgerissen und dann das Getreide geschnitten werden. Dieses wiederum ist notwendig, weil Mehl, in dem auch Lolchsamen verarbeitet wurden, giftig ist und bei höheren Konzentrationen zu Schwindelanfällen, gelegentlich sogar zum Tod führen kann. Die giftige Wirkung stammt von einem Pilz, der fast immer auf den Lolchkörnern wächst. Im Volksglauben Palästinas galt der Lolch daher als eine verhexte Form des Weizens.
Jesus verwendete dieses Bild des giftigen Unkrauts unter dem Weizen als Gleichnis für das Reich Gottes. Seine Botschaft hat nicht nur Erfolg gehabt. Sie stieß auch auf erheblichen Widerstand. Der Widerstand war so groß, daß er schließlich zum Kreuzestod Jesu, der üblichen Bestrafung für politische Aufrührer, führte. Für seine Jünger stellte sich die Frage, wie man sich gegenüber denen verhalten sollte, die Jesu Verkündigung bekämpften. Das Gleichnis machte ihnen klar: Nicht jetzt soll man gegen sie vorgehen, sich ihrer Anfeindungen erwehren, sondern warten, bis die Verkündigung Jesu ihr Ziel erreicht hat. Dann lassen sich Freunde und Feinde, eben Weizen und Unkraut, leicht voneinander trennen.

Der Granatapfel – Oder: Wie aus einem viele werden

Einen wesentlichen Namensbestandteil des wissenschaftlichen Namens für den Granatapfel kennt heute jedes Kind: Er lautet Punica granatum oder übersetzt: die samenreiche Frucht aus Phönizien. Gegessen haben den Granatapfel bisher jedoch wohl nur wenige - und wissen daher nicht, welches Geheimnis diese Frucht birgt: Schneidet man die gelben oder roten Früchte auf, kommen eine Vielzahl kleiner Samen zum Vorschein, die alle in ein eigenes Saftsäckchen eingebettet sind. Aus dem einen Apfel werden so viele kleine eigenständige Früchte. Daher liegt es nahe, daß der Granatapfel im gesamten Orient als Fruchtbarkeitssymbol verstanden wurde. Deutlicher als in diesem Fall kann ein Symbol kaum verwendet werden: Aus einem großen Apfel werden viele kleine Samen und versinnbildlichen so die Lebensfülle und -freude, aber auch die Hoffnung auf zahlreichen Nachwuchs.

Doch nicht nur als Symbol findet der Granatapfel seine Bewunderer. Schon die wachsartigen, leuchtend roten Blüten dieses Baumes sind ein ästhetischer Genuß. Aus den Früchten kann man einen wässrigen Saft pressen oder die kleinen Fruchtsäckchen essen. Die harte, derbe Haut des Granatapfels schließlich enthält Gerbsäure und wird noch heute in Marokko zur Herstellung von Leder verwendet.

Wie sehr der Granatapfel als typische Frucht des Kulturlandes verstanden wurde, zeigt eindrücklich die Erzählung von der Aussendung von Kundschaftern durch Moses. Die Kundschafter brachten von dort neben einer Weintraube auch mehrere Granatäpfel mit. Das Gelobte Land ist »ein schönes Land, ein Land mit Wasserbächen, Quellen und Strömen, ein Land mit Weizen und Gerste, Weinstöcken, Feigen- und Granatbäumen, ein Land mit Ölbäumen und Dattelhonig« (5 Mo 8,8). Die Wüste wird dagegen als ein Land beschrieben, in dem es »keine Saat gibt, kein Weinstock und kein Granatapfel gedeiht« (4 Mo 20,5).

Angesichts der mit dem Granatapfel verbundenen Fruchtbarkeitssymbolik kann es nicht verwundern, daß diese Frucht mehrfach in dem erotischen Buch der Bibel, dem Hohelied, erwähnt wird. Die Geliebte wird hier mit einem Granatapfel verglichen. Ihr Gaumen gleicht dem Riß in der Haut einer solchen Frucht. In einem Park mit Granatapfelbäumen wollen sich die beiden Geliebten treffen, und die Frau träumt davon, ihrem Geliebten den Saft der Früchte zum Trinken zu geben. Die Fruchtbarkeitssymbolik des Granatapfels wurde aber auch bei der Ausgestaltung des salomonischen Tempels aufgegriffen. An den Kapitellen der beiden Säulen Jachin und Boas wurden zwei Ketten mit je 100 kleinen bronzenen Granatäpfeln angebracht. Sichtbar für alle Besucher war der Tempel somit ein Ort, wo der Gott wohnt, der für die Fruchtbarkeit der Tiere und Menschen sorgt. Ein kleiner elfenbeinener Granatapfel, der zu einem Szepter gehörte, stellt den einzigen erhaltenen Gegenstand des salomonischen Tempels dar. Umlaufend ist an dem kleinen Schmuckstück, das als Würdezeichen von einem Priester getragen wurde, die Inschrift »Dem Tempel des HERRN zugehörig als Heiliges der Priester«. Die Granatäpfel, die ein Symbol für das Fruchtbarkeit schenkende Heilshandeln Gottes waren, wiesen den Hohenpriester als einen besonders von Gott auserwählten Menschen aus.

Der Wein - Kulturgut zur Freude des Menschen

»Soll ich meinen Wein lassen, der Götter und Menschen erfreut?«, so fragt in der Jotam-Fabel der Weinstock die Pflanzen, die ihn zum König küren wollen (Ri 9,13). Daß der Wein den Menschen erfreut, ist in der Bibel immer wieder zu lesen. Seit dem 3. Jt. v.Chr. war die Produktion von Wein in Palästina und Syrien bekannt und spielte eine große wirtschaftliche Rolle. Schon der Ägypter Sinuhe erzählt in der ersten Hälfte des 20. Jhs. v. Chr. von seinen Abenteuern in Palästina: »Feigen gab es darin und Weintrauben und mehr Wein als Wasser. ... Ich hatte Brot als Tageskost und Wein als etwas Alltägliches.« Wein gehört zu den grundlegenden Produkten, die in Palästina über die Jahrhunderte und Jahrtausende hinweg angebaut wurden. Noah, der erste Mensch nach der Sintflut, wird bezeichnenderweise als Weinbauer dargestellt. Daß Wein aber nicht nur Menschen erfreut, sondern übermäßiger Genuß zur Betrunkenheit führt, weiß die Bibel aber auch zu berichten. Von Noah wird überliefert, er sei so betrunken gewesen, daß er nackt in seinem Zelt lag. Auch Lot merkte es in seinem Rausch nicht, wie er schändlicherweise seine eigenen Töchter schwängerte - nach der Rechtsauffassung des Alten Testaments ein schwerer Verstoß gegen die göttlichen Ordnungen. In der Apostelgeschichte wird der (unzutreffende) Vorwurf überliefert, die Apostel seien schon am frühen Morgen »voll süßen Weines« gewesen. Auch wird berichtet, daß nicht nur Männer übermäßig Wein tranken: »Eine betrunkene Frau erregt Ärgernis!« (Sir 26,11). Im Neuen Testament wird dann die Warnung ausgesprochen: »Berauscht euch nicht mit Wein, das führt zur Liederlichkeit« (Eph 5,18). Ein Verbot von Weingenuß kennt die Bibel allerdings nicht. Erst im Islam wurde ein allgemeines Alkoholverbot ausgesprochen.

Der Wein (Vitis vinifera L.) erfreut die Menschen nicht nur, sein Anbau ist auch mit sehr viel Arbeit verbunden. Nach Möglichkeit baut man im Orient Wein auf ebenem Boden an, da so die tiefgründenden Wurzeln (bis zu 4 m) reichlich Halt finden und auch die nötige Sonnenwärme zur Verfügung steht. Die Rede vom Weinberg, die wir so häufig in der Bibel haben, trifft also nur teilweise zu. Immerhin hat man im 8. Jh. v. Chr. unter dem König Hiskia, als nach der Zerschlagung des Nordreichs die Zahl der Einwohner im Südreich Juda schlagartig anstieg, auch die Abhänge vom judäischen Bergland hin terrassiert und dort Wein angebaut. Auf diese Weise versuchte man, wenn auch nicht immer mit großem Erfolg, die Versorgung der Bevölkerung sicherzustellen. Für die Anlage eines Weingartens müssen zunächst alle größeren Steine auf dem Gelände gesammelt und zu einer Umfassungsmauer auf-

geschichtet werden. Während bei uns die Reben hochgebunden werden, können sie in Palästina auf dem Boden liegen und sich so ausbreiten. Da es dort im Sommer nicht regnet, besteht keine Gefahr, daß sie zu faulen beginnen. Gerne ließ man aber auch die Reben an den in die Weingärten gepflanzten Feigenbäumen hinauf-

klettern. Erst nach drei Jahren trägt der Weinstock erstmals Früchte. Bis dahin muß der Boden in den Weingärten mehrfach jährlich gepflügt bzw. aufgehackt werden. Bei der Anlage eines Weingartens errichtete man auch einen mit einem Laubdach versehenen Turm, der den Arbeitern in der Mittagshitze Schutz vor der gleißenden Sonne bot. Dort konnte sich aber auch ein Wächter aufhalten. Zudem war der Wachturm auch ein idealer Lagerort für den fertigen Wein: In seinem Inneren war es stets mehrere Grad kühler als in der Umgebung. Zur Anlage eines Weingartens gehörte auch eine in den Felsen gehauene Kelter, in der die geernteten Weintrauben mit bloßen Füßen getreten wurden. Der vergorene Wein konnte mit Pfeffer, Wermut oder anderen Gewürzen vermischt werden, um so einen besonderen Geschmack zu erhalten. Spätestens ab dem 4. Jh. v. Chr. war es durch griechischen Einfluß üblich, den Wein nicht pur, sondern gemischt mit Wasser im Verhältnis 2:1 oder 3:1 zu trinken. Wein war offenbar in allen Gesellschaftsschichten das übliche Getränk, das man vor allem abends trank. Die alljährliche Weinlese im Herbst wurde mit dem Laubhüttenfest beendet, einem einwöchigen Fest, bei dem man Gott für die erhaltenen Gaben dankte. Somit ist es unserem Erntedankfest vergleichbar.
Im Neuen Testament spielt der Weinberg in Gleichnissen Jesu eine besondere Rolle. Matthäus erzählt von einem Weinbergbesitzer, der mehrmals am Tage Arbeiter für die Arbeit in seinem Weinberg anheuerte. Dies entspricht den palästinischen Gegebenheiten zur Zeit Jesu; damals arbeiteten viele Menschen, die über keinen Grundbesitz verfügten, als Tagelöhner und mußten sich so immer wieder neue Tätigkeiten suchen. Als nun am Ende des Tages ausbezahlt wurde, erhielten alle Arbeiter den gleichen Lohn. Mit diesem Gleichnis wollte Jesus verdeutlichen, daß im Reich Gottes alle gleichgestellt sind, ob sie nun - wie beispielsweise die Jünger - schon lange zum Kreis der Nachfolger gehörten oder aber erst vor kurzem hinzugekommen sind. Vor Gott gibt es nicht Hohe und Niedrige, nicht Bedeutende und Unbedeutende, sondern nur gleiche Menschen. Es gibt vor Gott keinen besonderen Rang.

Die Terebinthe – Heiliger Baum und Baum der Heilung

Besonders im Negev und in Galiläa, aber auch vereinzelt im übrigen Land, findet man immer wieder einzelstehende oder in kleinen Hainen gepflanzte Terebinthen (Pistacia atlantica Desf.). Neben den Eichen, mit denen die Terebinthen in Bibelübersetzungen (z.B. bei Luther) häufig verwechselt werden, ist diese Baumart die mächtigste unter den Bäumen Palästinas. Sie kann bis zu 20 m hoch werden. Meist verzweigt sich aber der Stamm schon früh, so daß das Holz des Baumes nur recht eingeschränkt als Bauholz verwendbar ist. Eine andere Bedeutung der Terebinthe ist dagegen von großem Wert: Mit ihren weitausladenden Zweigen bietet sie in der Mittagshitze Schatten und Schutz vor der gleißenden Sonne. Sirach kann daher formulieren: »Ich breitete meine Äste aus wie eine Terebinthe; es sind Zweige von Schönheit und Anmut« (Sir 24,22). Der schützende Charakter der Terebinthe einerseits und die häufig anzutreffende Einzelstellung des Baums auf dem Gipfel eines Hügels führten dazu, daß die Terebinthe zum Inbegriff eines heiligen Baumes wurde. Zusammen mit einem einfachen Steinaltar und einem aufgerichteten Stein, der eine Gottheit repräsentierte, gehörte sie zu der Grundausstattung der sogenannten Kulthöhen. Diese offenen Heiligtümer waren im ganzen Land verbreitet. Eine oder mehrere nahe beieinander liegende Ortschaften teilten sich jeweils die Pflege einer solchen Kultstätte. Zu den regelmäßigen Festen sowie zu Voll- und Neumondtagen traf man sich dort und feierte Gottesdienst.
Das Alte Testament berichtet mehrfach von derartigen Terebinthen an offenen Kultstätten. Nach dem Buch Josua hatte dieser das Volk Israel unmittelbar nach Beendigung der Landnahme an dem Heiligtum in Sichem versammelt. Dort forderte er es dazu auf, nicht die fremden Götter des Kulturlandes, sondern weiterhin den angestammten Gott Jahwe, der Israel aus Ägypten herausgeführt habe, anzubeten und zu verehren. Als sich das Volk bereit erklärt hatte, allein den Herrn zu verehren, stellte Josua einen großen Stein unter der Terebinthe des Heiligtums von Sichem auf und sprach: »Dieser Stein soll Zeuge sein gegen uns, weil er alle Worte gehört hat, die der Herr zu uns gesprochen hat« (Jos 27). Bevor Jakob mit seiner Familie nach Bet-El zog, vergrub er offenbar unter derselben Terebinthe der Kulthöhe von Sichem alle fremden Götterbilder und Ohrringe (1 Mo 35,4). Das Vergraben von Götterbildern an einer

heiligen Stätte stellt eine bewußte Abwendung von der bisher praktizierten Glaubenshaltung dar. Abgelegte Kultbilder durfte man aber nicht einfach wegwerfen oder einschmelzen. Da man ihnen weiterhin eine Wirkmächtigkeit zuschrieb, mußten sie an einem heiligen Ort kultisch bestattet werden. Die Verbindung von Terebinthe und Heiligtum findet sich auch sprachlich ausgedrückt. Das hebräische Wort für diesen Baum heißt 'elah und erinnert damit stark an das hebräische Wort für Gott ('el). Die Mächtigkeit, Pracht und Fülle dieses Baumes, seine Funktion als Schattenspender und als Sinnbild von Lebenskraft führten wohl dazu, daß ihm dieser göttliche Name beigelegt wurde.

Im Hügelland zwischen der Küstenebene und dem judäischen Gebirge gab es im Altertum ein Tal, das wegen der zahlreich dort wachsenden Bäume Terebinthental genannt wurde. Für die judäischen Bewohner des Berglandes stellte dieses Tal einen wichtigen Weg zur palästinischen Küste dar. Daher kann es nicht verwundern, daß gerade hier der Kampf zwischen David und Goliat lokalisiert wird. In diesem Kampf zwischen Israel und den Philistern ging es nicht nur um die Bekämpfung eines bedrohlichen Gegners, sondern auch um die Sicherstellung der Handelswege nach Ägypten hin.

Die Terebinthe mit ihren tief herabhängenden Zweigen spielt in einer weiteren Geschichte noch eine zentrale Rolle. Als Absalom vor Davids Leuten auf seinem Maultier floh, verhängten sich seine Haare in den Zweigen einer Terebinthe, so daß er sich nicht mehr befreien konnte. Der Baum, dessen Schatten ansonsten in der Mittagshitze neue Lebenskräfte erweckte, wurde so zu einer todbringenden Gefahr.

Nur in Strauchform findet sich in ganz Palästina eine andere Terebinthenart: der Mastixbaum (Pistacia lentiscus L.). Früher scheint dieser Baum vor allem im nördlichen Ostjordanland beheimatet gewesen zu sein. An manchen Bibelstellen wird das Harz dieses Baumes wegen seiner heilenden Wirkung als Handelsprodukt erwähnt. Bei Jeremia (»Gibt es denn kein Mastix in Gilead, ist dort kein Arzt?«) werden Arzt und Heilmittel unmittelbar zusammen genannt. An anderer Stelle ist vom Mastix die Rede, das man holen soll, um eine Wunde zu heilen.

Bei Dioskurides, einem römischen Arzt aus dem 1. Jh. n.Chr., heißt es über diese Pflanze: »Die Mastixpistazie, ein bekannter Baum, alle seine Teile sind zusammenziehend; denn sowohl die Frucht derselben als auch die Blätter und die Rinde der Zweige und der Wurzel haben dieselbe Kraft. Es wird auch ein Saft aus der Rinde, aus der Wurzel und den Blättern bereitet, wenn sie genügend mit Wasser gekocht sind. Nach dem Kochen werden die Blätter beseitigt; die Flüssigkeit wird wieder bis zur Honigkonsistenz eingekocht. Es wird getrunken gegen Blutsturz, Bauchfluß, Ruhr sowie gegen Blutfluß aus dem Uterus und gegen Gebärmutter- und Mastdarmvorfall. Von demselben Baum stammt auch ein Harz, welches mit Vorteil gegen Blutsturz und veraltetem Husten zum Trinken gereicht wird. Es ist auch dem Magen wohlbekömmlich, da es Aufstoßen bewirkt. Ferner wird es den Zahnmitteln und den Gesichtspomaden als glänzendmachendes Mittel zugemischt. Es verklebt auch die Haare in den Augen, bewirkt gekaut Wohlgeruch des Mundes und zieht das Zahnfleisch zusammen.«

Die Palme - Symbol der Aufrichtigkeit und des Sieges

»Der Gerechte wird blühen wie eine Palme, er wird wachsen wie eine Zeder auf dem Libanon«(Ps 92,13). Mit diesen Worten werden diejenigen Menschen umschrieben, die sich an dem Wort Gottes ausrichten. Im Hohelied vergleicht der Bräutigam seine Geliebte mit einer Palme, bei Sirach werden die Priester ebenfalls mit dem Bild der Palme bzw. der Zeder verglichen. Warum gerade dieses Bild gewählt wird, wird schnell deutlich, wenn man sich den Wuchs der beiden Baumarten verdeutlicht. Die Zeder, der höchste Baum im Gebiet Syriens, wächst ganz gerade empor, und auch die viel kleinere Dattelpalme (Phoenix dactylifera L.) hat einen geraden Stamm, der sich erst in den Wipfeln in die einzelnen Palmzweige entfaltet. Geradlinigkeit und Aufrichtigkeit - das wollten die biblischen Autoren bei der Wahl ihrer Bildsprache verdeutlichen. Bemerkenswert ist dabei, daß hier zwei Baumarten aufgegriffen werden, die zumindest im judäischen und samarischen Bergland im Altertum höchstens in Ausnahmefällen anzutreffen waren. Während die Zedern im Libanongebirge wuchsen, benötigen früchtebringende Dattelpalmen heiße Wüstenluft mit einer durchschnittlichen Jahrestemperatur von mindestens 21° C und reichlich Wasser. Diese Bedingungen finden sich aber nur in dem Gebiet südlich von Gaza und im Jordangraben. Besonders in Jericho, das ausdrücklich als Palmenstadt bezeichnet wird, scheinen Palmen angepflanzt worden zu sein.

Dattelpalmen wurden im Altertum intensiv genutzt. Die Datteln wurden frisch oder getrocknet gegessen, entsteint zu Dattelbrot und Dattelhonig verarbeitet oder zu Dattelwein vergoren. In der späteren Tradition schrieb man dem Genuß von Datteln zu, böse Gedanken, Darmkrankheiten und Hämorrhoiden zu vertreiben. Die Dattelkerne konnten als Brennmaterial oder aufgeweicht als Viehfutter verwendet werden. Aus dem Saft der Palmbäume stellte man Palmwein her. Die Palmblätter wurden gespalten, zerfasert, geflochten und so zur Herstellung von Stricken, Sandalen, Körben, Matten und anderen Gebrauchsgegenständen verwendet. Das Palmenmark wurde als Gemüse gegessen, und das - qualitativ allerdings schlechte - Holz der Palme als Bauholz verwendet.

Palmwedel spielten beim Einzug Jesu in Jerusalem eine große Rolle: »Am folgenden

Tag, als das viele Volk, das zum Fest gekommen war, hörte, Jesus komme nach Jerusalem, da nahmen sie Palmzweige und zogen aus, ihm entgegen, und riefen laut: Hosianna! Gepriesen, der da kommt im Namen des Herrn, der König Israels!« (Joh 12,12-13). Palmen wuchsen, wie bereits beschrieben, in Jerusalem allenfalls in geringer Stückzahl. Wenn daher in diesem Text ausdrücklich Palmwedel erwähnt werden, liegt darin eine besondere Bedeutung. Als nun das Volk beim Einzug Jesu wieder Palmzweige hält und ihn mit Lobliedern preist, macht dies deutlich, daß Jesu Zeitgenossen sein Auftreten in Jerusalem als Antritt seiner Königswürde und bevorstehenden Sieg über die römische Besatzung verstanden.

Der Rizinus - Ein Zeichen für die Liebe Gottes

Der Rizinus (Ricinus communis L.) wird nur einmal im Alten Testament erwähnt (Jona 4,6-10), und selbst in diesem Fall ist die botanische Identifizierung nicht völlig gesichert, sondern nur sehr wahrscheinlich. Die neue Lutherübersetzung hält die botanische Bestimmung bewußt offen und spricht an dieser Stelle nur recht allgemein von einer »Staude«. Der Rizinus ist eine schnellwachsende, einjährige Pflanze, die bis zu 5 m groß werden kann und in den warmen Gegenden des Vorderen Orients häufig auf Ödland und Abfallhaufen anzutreffen ist. Die bis zu 40 cm großen grünen oder rötlichen Blätter sind in fünf bis neun lanzettförmige, gezähnte Abschnitte geteilt. Aus den Blütenständen entwickeln sich stachelige rötlich-braune Früchte mit jeweils einem einzigen Samen von 1-3 cm Größe. Daraus wird das giftige Rizinusöl gewonnen, das früher als Heilmittel in jeder Haushaltsapotheke anzutreffen war. Zum Teil wird es heute noch im Orient für die Beleuchtung verwendet; steckt man die Samen auf eine Nadel, verbrennen sie mit deutlich sichtbarer Flamme und erleuchten so einen Raum. Daß Rizinus eine heilende Wirkung hat, wußten schon die Menschen im Altertum. Sowohl in ägyptischen als auch in mesopotamischen Texten wird er bereits als Heilmittel erwähnt.

In der Bibel wird der Rizinus am Ende der Jonageschichte erwähnt. Nachdem sich die heidnische Stadt Ninive bekehrt und Jona mit seiner nur widerwillig verkündeten Botschaft somit Erfolg gehabt hatte, war Jona zornig über das erzielte Ergebnis. Alle Propheten vor ihm waren mit ihrer Botschaft gescheitert. Nie hatte sich das Volk bekehrt und von seinen frevelhaften Wegen abgelassen. Jona dagegen war es anders ergangen. Nun war er unzufrieden, weil Gottes Erbarmen seiner Ansicht nach viel zu groß war. Eigentlich hätte Ninive für seine Sünden bestraft werden müssen, unabhängig davon, ob sich die Bewohner nun aufgrund seiner Botschaft bekehrt hatten oder nicht. Schmollend verzog er sich an den Rand der Stadt und baute sich dort eine kleine Hütte. Gott war jedoch nicht nur den Bewohnern der Stadt Ninive ge-

genüber gnädig, sondern auch dem schmollenden Jona gegenüber. Selbst ihm läßt Gott eine Rizinusstaude wachsen, um ihm so Schatten zu geben. Am nächsten Morgen jedoch ist die Pflanze auf Gottes Anweisung hin verdorrt und Jona hatte keinen Schatten mehr in der heißen Mittagshitze. Die folgenden Verse sind ein schönes Beispiel für Ironie in der Bibel, über die die Menschen damals sicherlich schmunzeln konnten. Jona war nun erzürnt über den verdorrten Rizinusbaum und beschwerte sich bei Gott darüber. Gott aber machte nun Jona klar: »Du hast Mitleid mit dem Rizinusbaum, um den du dich nicht gekümmert hast und den du nicht herangezogen hast, der in der Nacht heranwuchs und der in einer Nacht verdorrte. Und ich soll nicht Mitleid haben mit Ninive?«. Die Geschichte von Jona und dem Rizinus wurde so zu einer kleinen Beispielerzählung, wie groß die Liebe Gottes ist.

Zeder, Zypresse und Akazie - Prachtvolles Bauholz für den Tempel

Als Salomo seinen Tempel in Jerusalem baute, wollte er seinem Gott ein prachtvolles Gebäude gestalten. Aber nicht nur Gottes Ruhm, sondern auch Salomos Ruhm sollte dadurch in aller Welt bekanntgemacht werden. Der Bau, von dem wir nichts archäologisch Nachweisbares, aber immerhin die sehr exakte Beschreibung in der Bibel (1 Kön 6f.) haben, war zu jener Zeit zweifellos ein herausragender Kultbau des Vorderen Orients.

Gutes Bauholz für solche große Bauten gab es nur im Libanon. Die in Palästina einheimischen Bäume werden nicht allzu hoch und lieferten allenfalls Holz, mit dem man Räume mit einer Breite von 4-6 m überdecken konnte. In den entlegenen Hochregionen des Libanon wuchsen dagegen Zedern (Cedrus libani Loud.) und Zypressen (Cupressus sempervirens L.), die bis zu 30 m hoch wurden und einen Durchmesser von bis zu 2 m aufweisen konnten. Wegen ihrer besonderen Größe konnten die Zedern sogar als Bäume Gottes bezeichnet werden. Im Gegensatz zu palästinischen Bäumen wachsen diese Baumarten zudem extrem gerade und sind daher als Bauholz bestens verwendbar. Schon die Ägypter hatten im 3. Jt. v. Chr. Holz für ihre Schiffsbauten, insbesondere für die Masten und für die Pyramidenbauten aus dem Libanon geholt. Aus Zedernholz wurden im salomonischen Tempel die Deckenbalken, die seitlichen Stützkonstruktionen für das Dach, die Innenverkleidung der Steinwände, das Allerheiligste sowie ein Altar geschaffen. Für den Fußboden und für die Türen wurde Zypressenholz verwendet. In Salomos Palastgebäude gab es ein eigenes »Libanonwaldhaus« mit einer Länge von ca. 50 m, einer Breite von ca. 25 m und einer Höhe von ca. 15 m. Durch vier Säulenreihen aus Zedernholz, die das Dach trugen, entstand der Eindruck, als würde man sich in einem dichten Wald befinden.

Auffallend ist, daß die Bundeslade weder aus Zedern- noch aus Zypressenholz, sondern aus Akazienholz (Acacia raddiana Savi) gefertigt war. Vermutlich ist die Lade 587 v. Chr. bei der Eroberung Jerusalems durch die Babylonier verbrannt. In dem - allerdings nie umgesetzten - priesterlichen Entwurf für ein neues Heiligtum nach der Rückkehr aus dem babylonischen Exil (2 Mo 25–40) sollten außer der Lade nun auch der Schaubrottisch, die Außenwände des Zeltes der Begegnung und sogar der Brand- und

Räucheropferaltar aus Akazienholz hergestellt werden. Bei beiden Altären hätte das Holz trotz eines Überzugs aus Metall wohl kaum die hohen Temperaturen beim Verbrennen der Opfermaterie ausgehalten. Das Akazienholz wurde wohl hier genannt, weil schon früher die Lade daraus gebaut war und weil es sich dabei um eine typische Pflanze von Trockengebieten handelt. Heute ist der bis zu 3 m große Baum mit seiner schirmartigen Krone nur noch im Arabatal und in Teilen der Sinaihalbinsel nachweisbar. In biblischer Zeit scheint es jedoch auch einige Bäume im ebenfalls sehr trockenen Jordantal nördlich des Toten Meeres gegeben zu haben.

Der Ölbaum – Zeichen der Lebensqualität und wichtiges Exportprodukt

Die Beschreibung Israels als ein Land, in dem Milch und Honig fließen, kennen wohl die meisten Bibelleser. Mit dieser Formel wird die Üppigkeit des Kulturlandes beschrieben, die alle Wüstenbewohner in Erstaunen und Bewunderung versetzt. Die Milch der Schafe und Ziegen - nicht gemeint ist die Milch der im alten Israel relativ seltenen Kühe - fließt in diesem Land, weil es zumindest in den Wintermonaten überall grüne Flächen gibt, die ideal für die Tiernahrung sind. Und auch der süße Honig, der für einen Nomaden Inbegriff von Lebensqualität ist, ist reichlich vorhanden. Hierbei ist nicht an den Bienenhonig gedacht, sondern an einen durch Einkochen von Trauben, Datteln und Feigen erzeugten Sirup, der üblicherweise als Süßungsmittel verwendet wurde. Unter wirtschaftlichen Gesichtspunkten viel wichtiger als Datteln und Feigen, die für den täglichen Bedarf bestimmt waren, war das Luxusprodukt Öl bzw. der Ölbaum.

Schon die Jotamfabel (Ri 9,7-15) drückt dieses aus. Diese Pflanzenfabel will verdeutlichen, welche Gefahren mit dem Königtum verbunden sind. Jotam stellt sich auf den Gipfel des Berges Garizim und erzählt den Bewohnern von Sichem, daß die Bäume sich einen König wählen wollten. Bezeichnenderweise wird zuerst der Ölbaum angefragt, nicht nur wegen seiner wirtschaftlichen Bedeutung, sondern auch wegen seines altehrwürdigen Aussehens (ein Ölbaum kann immerhin 1000 Jahre alt werden) und seiner schönen Gestalt. Der Ölbaum lehnt die Anfrage jedoch ab mit den Worten: »Soll ich dafür etwa mein Öl aufgeben, das Götter und Menschen ehrt?« Das Öl ehrt nach diesem Text Götter und Menschen, hatte also sowohl im Alltag als auch im Kult seine besondere Bedeutung.

In der täglichen Nahrung spielte Öl als Fettlieferant eine wichtige Rolle. Meist wird man die verschiedenen Gemüsesorten, die im Altertum verwendet wurden, mit Öl gekocht haben. Aber auch die trockenen Brotfladen, die das Hauptnahrungsmittel im Altertum darstellten, wurden mit Öl bestrichen, um so schmack- und nahrhafter zu sein. Dem Genuß von Öl schrieb man auch die Eigenschaft zu, schön zu machen. In dem Haus eines Weisen solle daher immer Öl vorhanden sein. Andererseits wird derjenige, der zu sehr Öl und Wein und damit den Luxus liebt, nicht reich werden. Wer

dagegen nur noch einen kleinen Rest Öl in seinem Vorratskrug hat, wie die Witwe aus Sarepta im ersten Buch der Könige, der gehört zu den ärmsten Menschen.
Olivenöl wurde im Alltag aber nicht nur als Nahrungsmittel verwendet, sondern auch nachts zur Beleuchtung der Räume mit Hilfe von Öllämpchen. Allerdings darf man sich den Ölvorrat eines Haushalts für diesen Zweck nicht allzu groß vorstellen. Normalerweise legte man sich mit dem Sonnenuntergang schlafen und benötigte daher keine Beleuchtung. Lediglich im Tempel, dessen Inneres relativ dunkel war, gab es eine regelmäßige Beleuchtung.

Öl wurde schließlich auch als Heilmittel verwendet. Beulen und Wunden bestrich man mit Öl, mit Wein vermischt versprach man sich davon eine blutstillende Wirkung. In der trockenen Hitze Israels entstehen leicht Hautentzündungen, die man mit Öl behandelte. Das Einreiben mit Öl nach dem Bade sollte einerseits einen Schutz gegen die Sonne darstellen, andererseits versetzte man Öle auch mit allerlei Aromastoffen, so daß die Salbung gleichzeitig den Wohlgeruch eines Menschen steigern sollte. Für diese Vermischung des Olivenöls wurden oft wertvolle Kräuter und Pflanzen aus weitentfernten Ländern verwendet. Die Zutaten für das bei der Salbung des Hohenpriesters verwendete Öl stammen beispielsweise aus Saudiarabien und Indien. Das Salböl, mit dem eine Frau Jesus salbte, soll 300 Denare teuer gewesen sein. Es war mit reiner Narde (Nordostachys jatamansi) versetzt, die aus dem Wurzelstock einer nur im zentralen Himalaya beheimateten Pflanze stammte. Die 300 Denare entsprechen 300 Tageslöhnen eines einfachen Arbeiters - und damit heute in etwa dem Gegenwert eines Mittelklassewagens.

Aber nicht nur im Alltag, auch im Kult spielte das Öl eine zentrale Rolle. Schon Jakob hatte in Bet-El einen Stein mit Öl übergossen und ihn damit als zentrales Kultobjekt dieses Heiligtums geheiligt.

Ölbäume wuchsen nicht im ganzen Land Israel. Der Ölbaum hat nur geringe Ansprüche an die jeweiligen Böden und war daher bestens für eine Bepflanzung an den kargen Hängen bis hinauf ins Bergland geeignet. Wer jedoch von seinen Ölbaumpflanzungen leben wollte, mußte anfangs über einige finanzielle Reserven verfügen, denn Ölbäume bringen erst im siebten Jahr Früchte. Die Ölbaumpflanzung ist nicht nur während der Ernte arbeitsintensiv. Eine Person muß in den Baum klettern und die reifen Oliven mit einem langen Stock abschlagen. Andere müssen dann die vielen Oliven einzeln aufsammeln und zur nächsten Ölpresse bringen.

In der Sintflutgeschichte brachte der vorletzte Vogel, den Noah von der Arche aussandte, ihm einen frischen Ölzweig zurück. Da Ölbäume allzu feuchte Böden nicht lieben, ist dieser Baum denkbar ungeeignet als erste Pflanze, die wieder grüne Triebe zeigt. Die biblischen Autoren haben diesen Baum ausgewählt, weil er der bedeutendste und eindrücklichste unter den Bäumen des Landes war. Mit dem Wiederergrünen des Ölbaums soll ausgedrückt werden, daß es nach der Sintflut wieder ein sinnvolles und den Unterhalt der Menschen sicherndes Leben auf der Welt gibt. Die symbolische Bedeutung des Ölbaums im Altertum zeigt sich auch darin, daß der Ölzweig in Griechenland mit der Göttin Athene verbunden wurde und Reichtum, Frieden und Wohlstand repräsentierte. Mit seinen Blättern ehrten die Griechen früher die Olympiasieger. Von dort aus wurde der Ölzweig dann zum Symbol des Friedens, das er auch heute noch ist.

Rezept zur Herstellung eines biblischen Salböls nach 2 Mo 30

Zutaten:

- **Myrrhe:** 6 g (auf Bestellung in der Apotheke erhältlich, 100 g ca. 15 DM)
- **Zimtstangen:** 3 g (erhältlich am Gewürzstand des Lebensmittelgeschäftes)
- **Citronellagras:** 3 g (Reines Citronellagras ist in Deutschland im Handel nicht erhältlich; man kann aber in einem botanischen Garten nachfragen, ob man für diesen Zweck eine geringe Menge Gras zur Verfügung gestellt bekommt. Die Firma Lebensbaum U. Walter GmbH, 49342 Diepholz, die ihre Produkte über Bioläden vertreibt, bietet eine Kräuterteemischung namens Citronella an, bei der das Citronellagras mit Zitronenverbena und Melisse »verunreinigt« ist; diese Qualität reicht für die Herstellung eines biblischen Salböls völlig aus. Alternativ kann man auch getrocknete Salbeiblätter verwenden, die man in vielen Kräutergärten findet)
- **Gewürznelken:** 6 g (Zimtnägelchen, die eigentlich hier benötigt werden, sind in Deutschland nicht erhältlich. Einen einfachen und kostengünstigen Ersatz stellen Gewürznelken aus dem Lebensmittelladen dar)
- **Olivenöl:** 0,004 l (hier kann man aber ohne weiteres etwas großzügiger sein und zwei Schnapsgläser Olivenöl verwenden, um den Erfolg deutlicher ausfallen zu lassen; am Geschmack und Geruch des Öl ändert sich nicht viel).

Zunächst werden auf einer genauen Waage die einzelnen Zutaten abgewogen. In einem Kochtopf wird dann eine geringe Menge Wasser bis zum Kochen erhitzt und das Citronellagras beigegeben. Die Wassermenge sollte gerade so groß sein, daß sie die Blätter bedeckt. Kocht das Wasser, nimmt man den Kochtopf vom Herd und läßt den Sud ziehen. Als nächstes werden zunächst die Myrrhe und dann (unbedingt separat!) die Nelken in einem Mörser so fein zerrieben, daß keine größeren Stücke mehr sichtbar sind. Beide Gewürze sollen sich wie Sand anfühlen. Wenn die Stoffe ganz fein zermahlen sind, werden sie dem Citronella-Sud zugegeben und untergerührt. Der Zimt wird mit den Fingern in möglichst kleine Bruchstücke zerkleinert und dem Sud beigegeben. Zuletzt gießt man das Öl auf und stellt den Kochtopf wieder auf die Kochstelle. Das Wasser-Öl-Gemisch wird nun erhitzt, bis das Wasser kocht. Man nimmt dann den Kochtopf vom Herd und gießt den erhitzten Sud nach kurzem Erkalten in ein Glas.
Wenn man nach mehreren Stunden, am besten am nächsten Tag, das Glas betrachtet, so finden sich darin drei Schichten. Ganz unten haben sich die Gewürze abgesetzt. Darüber befindet sich Wasser, das eine dunkelbräunliche Farbe angenommen hat. Oben schwimmt eine etwas hellere Schicht Öl. Dieses muß nun abgeschieden werden. Hierzu stellt man das Glas in ein größeres Gefäß und füllt so lange vorsichtig Wasser in das Glas, wie das oben schwimmende Öl über den Rand des Glases abfließt. In dem größeren Gefäß kann man dann das Salböl auffangen, es gegebenenfalls noch einmal durch ein Sieb gießen und schließlich mit einem Trichter in ein kleines Fläschchen abfüllen.

Weihrauch und Myrrhe – Wohlgeruch für Gott und die Menschen

»Ein Wohlgeruch für Gott soll es sein« - das war das Ziel, wenn Priester in Israel Räucheropfer für ihren Gott darbrachten. Anfangs verbrannte man im Tempel auf einem Räucheraltar entweder die Fettstücke eines Schlachtopfers oder Backwaren. Würden wir dieses niemals mit einem Wohlgeruch verbinden – die alten Israeliten aber hatten hier andere Empfindungen: durch das Verbrennen wurden die Naturalien Gott übereignet und sollten ihn so erfreuen.

Erst als sich im 9. und 8. Jh. v. Chr. die Wirtschaftsverbindungen mit dem heutigen Yemen verstärkten, wurden von dort auch Gewürze wie Weihrauch oder Myrrhe auf Kamelkarawanen importiert. Weihrauchbäume (Boswellia sacra Flueck.) wachsen vorwiegend nahe der Südküste Saudiarabiens und in den abgelegenen Bergregionen dieses Gebietes. Wird die Rinde der strauchförmigen, bis zu 2 m hohen Bäume tief eingeritzt, tritt im Laufe eines Tages Harz aus, das sich zu kleinen perlenförmigen Tropfen verfestigt. Es wird abgeschabt und schließlich verkauft. Durch den etwa 65 Tage dauernden Transportweg von der Südküste Arabiens bis zur palästinischen Mittelmeerküste mit zahlreichen Zollstationen verteuerte sich das Naturprodukt erheblich. Für ein Pfund Weihrauch der billigsten Sorte mußte ein Arbeiter damals etwa einen Wochenlohn bezahlen.

Angesichts des hohen Preises ist es verständlich, daß Weihrauch vor allem im Kult verwendet wurde. Anfangs scheint das Räuchern von Weihrauch eher selten gewesen zu sein. Im frühen 4. Jh. v. Chr. jedoch wurde im Jerusalemer Tempel ein goldener Weihrauchaltar aufgestellt. Das verwendete Räucherwerk bestand anfangs aus einer Mischung aus Staktetropfen, Räucherklaue, Galbanum und Weihrauch, der - zum besseren Verbrennen der Materien - Salz beigegeben wurde. Im 2. Jh. v. Chr. wurde die Zahl der Stoffe dann auf sieben erhöht.

Aus derselben Region wie der Weihrauch stammt auch die Myrrhe (Commiphora abyssinica Engl.). Die rötlichen Tropfen des Myrrhebaumes werden wie beim Weihrauch durch Ritzen der Rinde gewonnen. Im Gegensatz zum Weihrauch wurde die Myrrhe erst ab dem 2. Jh. v. Chr. zu den Bestandteilen des Räucheropfers gezählt. Myrrhe verwendete man vornehmlich zum Parfümieren von Ölen, darunter auch des heiligen Salböls. Im Buch Ester wird berichtet, daß Mädchen, die dem Harem des Kö-

nigs zugerechnet werden sollten, sich sechs Monate lang mit Myrrhenöl einrieben. Zumindest in vermögenden Kreisen wurde auch das Bett vor dem Beischlaf mit Myrrhenöl besprengt, um einen angenehmen Duft zu erzielen. Aber auch um Wein eine besondere Duftnote zu geben, versetzte man ihn mit etwas Myrrhe.

Im Leben Jesu spielten Spezereien an seinem Anfang und an seinem Ende eine besondere Rolle. Nach dem Bericht von Matthäus brachten die Weisen aus dem Morgenlande Gold, Weihrauch und Myrrhe mit sich, um dem neugeborenen König der Juden ihre Verehrung zu bekunden. Dies sind besonders wertvolle Geschenke, die aus fernen Ländern mitgebracht wurden, um so dem neuen König zu huldigen. Am Ostersonntag wollten die Frauen (nach Mk und Lk) Jesus die letzte Ehre erweisen und ihn dem Totenbrauch gemäß mit parfümierten Ölen salben. Nach Johannes wickelten Josef von Arimathäa und Nikodemus den Leichnam Jesu mit 100 Pfund (nach unserem Gewicht 32,7 kg) Myrrhe und Aloe in Leichentücher ein, um ihn so zu bestatten. Die Einbettung in Spezereien war damals - im Gegensatz zur gebräuchlichen Einsalbung - nur für Könige oder königsgleiche Personen üblich: Jesus ist »der König der Juden«.

Bibelstellen zu den Pflanzen (in Auswahl)

Feigenbaum

Feigenbaum allgemein: 5 Mo 8,8; 1 Kön 10,27 · **F. und Adam & Eva:** 1 Mo 3,7 · **F. als Nahrungsmittel/Handelsprodukt:** 4 Mo 13,23; Ri 9,10f.; Jer 24,1-10; Hos 9,10; 2 Kön 18,31; Neh 13,15; Jer 40,10; Hes 27,17; 1 Sam 25,18; 1 Sam 30,12; Jdt 10,6 · **F. als Wundpflaster:** 2 Kön 20,7 · **F. und Versorgungsnot:** Jer 5,17; Joel 1,7-12 · **F. und Trockenheit:** Jer 8,13; Am 4,9 · **F. als Fluchwort Jesu:** Mt 21,19; Mk 11,13.20f. · **F. und der Wert der Früchte:** Mt 7,16; Lk 6,44; Lk 13,6-9 · **Pflege des Feigenbaums:** Lk 13,8; Spr 27,18 · **F. als Pflanze:** Jes 34,4; Lk 21,29f. · **Unter dem Feigenbaum sitzen:** Joh 1,48; 1 Kön 5,5; 1 Makk 14,12; Mi 4,3f.; Sach 3,10

Mandelzweig

Berufung Jeremias: Jer 1,11f. · **Erzählung vom Aaronstab:** 4 Mo 17,16-28 · **Mandelblüte in der Kunst:** 2 Mo 25,33f. · **M. als Handelsware:** 1 Mo 43,11

Lotos

Lotos allgemein: Hos 14,6; Sir 50,8; Hld 1f.; 5,13 · **Lieder über den Lotos:** Ps 60; 69; 80 · **Lotos und der salomonische Tempel:** 1 Kön 7,15–22.23–26

Gemüse

Kichererbse: Jes 30,24 · **Puffbohnen:** 2 Sam 17,27-29; Hes 4,9 · **Linsengericht:** 1 Mo 25,27-34 **Linsen allg.:** 2 Sam 23,11; 17,28

Myrte und Lorbeerähnlicher Schneeball

Myrte allgemein: Jes 41,19; Jes 55,13 · **Schneeball:** Jes 60,13

Weizen und Gerste

Brot: 5 Mo 7,13; 8,8 · **Gerste:** Offb 6,6; Joh 6,9-13 · **Getreideanbau:** 2 Mo 9,31f.; Mt 13,3-8; 2 Sam 21,9; 1 Mo 30,14; Rut 2,7; Mt 13,24-30 · **Ernte:** Mt 3,12; 2 Sam 4,6

Granatapfel

Die Granatapfelfrucht: 4 Mo 13,23; 5 Mo 8,7f.; Hagg 2,19; 4 Mo 20,5; Joel 1,12 · **G. als Fruchtbarkeitssymbol:** Hld 4,13; 4,3; 6,7.11; 7,13; 8,2; 1 Kön 7,18.20.42; Jer 52,22f.; Sir 45,11

Wein

W. als Kulturgut: 4 Mo 13,24 · **Noah:** 1 Mo 9,20 · **Weinrausch:** 1 Mo 9,21; 19,30-38; Apg 2,13; Sir 26,11; Eph 5,18; Röm 14,17.21 · **Weinanbau:** 2 Kön 17; Jes 5,10; Lk 13,6; Mt 20,1-6; Mt 21, 33-42 · **Lied Jesajas:** Jes 5, 1-7

Terebinthe

T. als Kultstätte: Jos 24; Ri 6,11.19; 1 Chr 10,12; Hes 6,13; Hos 4,13 · **David gegen Goliat:** 1 Sam 17,2.19; 2 Sam 18,9-15 · **T. als Symbol des Niedergangs:** Jes 1,30-31; Jes 6,13 · **Mastix:** 1 Mo 37,25; 43,11; Hes 27,17; Jer 8,22; 51,8; 46,11

Palme

P. als Symbol: Ps 92,13; Hld 7,8; Sir 50,13-14 · **Jericho:** 5 Mo 34,3; Ri 1,16; 3,13; 2 Chr 28,15 **P. am Toten Meer/auf dem Sinai:** Sir 24,18; 2 Mo 15,27; 4 Mo 33,9 · **Datteln:** Hld 7,9 · **Palmzweig:** 1 Makk 13,51; 2 Makk 10,7; Offb 7,9

Zeder, Zypresse, Akazie

Salomos Tempel: 1. Kön 5,15-32; 6 f.; 9,10-13.15; 10,27; · **Zedern allg.:** Jes 14,8; 37,24; 2 Kön 19,23; Jes 2,13; Ps 80,11; 104,16; Am 2,9; Ps 92,13; Sir 24,17; 50,11 · **Akazie:** 5 Mo 10,3; 2 Mo 26,15.26.32.37, 25,10-22.23.28; 27,1.6; 30,1.5

Ölbaum

Ö. allgemein: Hos 14,7 · **Öl:** 3 Mo 2,4; Ps 104,15; Hes 16,13; Spr 21,17.20; 1 Kön 17,12 · **Öllampe:** Jer 25,10; Offb 18,23; Mt 5,15 · **Öl als Heil- und Schönheitsmittel:** Jes 1,6; Lk 10,34; 5 Mo 28,40; Mi 6,15; 2 Sam 12,20; Ruth 3,3; 2 Mo 30,23-25; Mk 14,5; Joh 12,5 · **Öl im Kult:** 1 Mo 28,18; 35,14; 2 Mo 2,1-16; 3 Mo 14,10-29 · **Ernte:** Jes 24,13

Weihrauch & Myrrhe

Räuchopfer allg.: 1 Sam 2,12-17; Am 4,4f.; Hes 16,19; Jer 7,18 · **Weihrauch im Kult:** 2 Mo 40,5; Lk 1,11; 2 Mo 30,34-38; Sir 24,15f.; Jub 16,24 · **Myrrhe und Schönheit:** Ps 45,9; Hld 5,5.13; 2 Mo 30,23-25; Spr 7,17; Hld 1,13; Mk 15,23

Bildnachweis

Thorsten Berrang-Peuthert	Seite 31
Wolfgang Bittmann	Seite 11, 34, 35
Ulrich Hecker	Seite 19
Ludwig Karner	Seite 13, 14, 15, 37, 39, Titel
Kirchenkreis Vlotho	Seite 25, 27
Willi Rauch	Seite 23
Peter Santor	Seite 4, 33, 41
Theresia Ternes	Seite 17, 43

Die Deutsche Bibliothek – CIP-Einheitsaufnahme

Zwickel, Wolfgang:
Faszination Bibelgarten / Wolfgang Zwickel
Gütersloh : Kiefel, 2000
ISBN 3-579-05618-2

ISBN 3-579-05618-2

Umschlaggestaltung: Init, Bielefeld
Gestaltung: Klaus Müller, Gütersloh
Satz: Fotosetzerei Steggemann, Herford
Reproduktion: Scanlight, Marienfeld
Druck und Verarbeitung: Westermann Druck, Zwickau
Printed in Germany